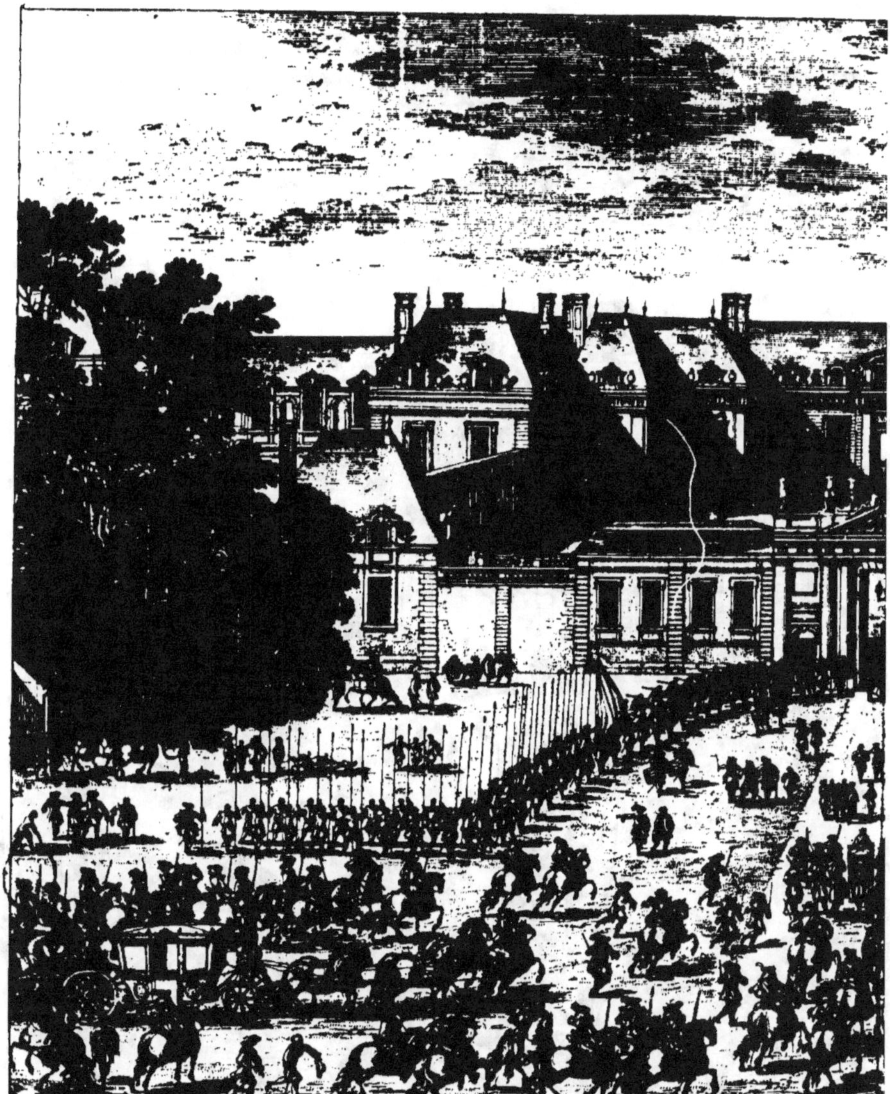

Veuë et perspectiue du Chasteau

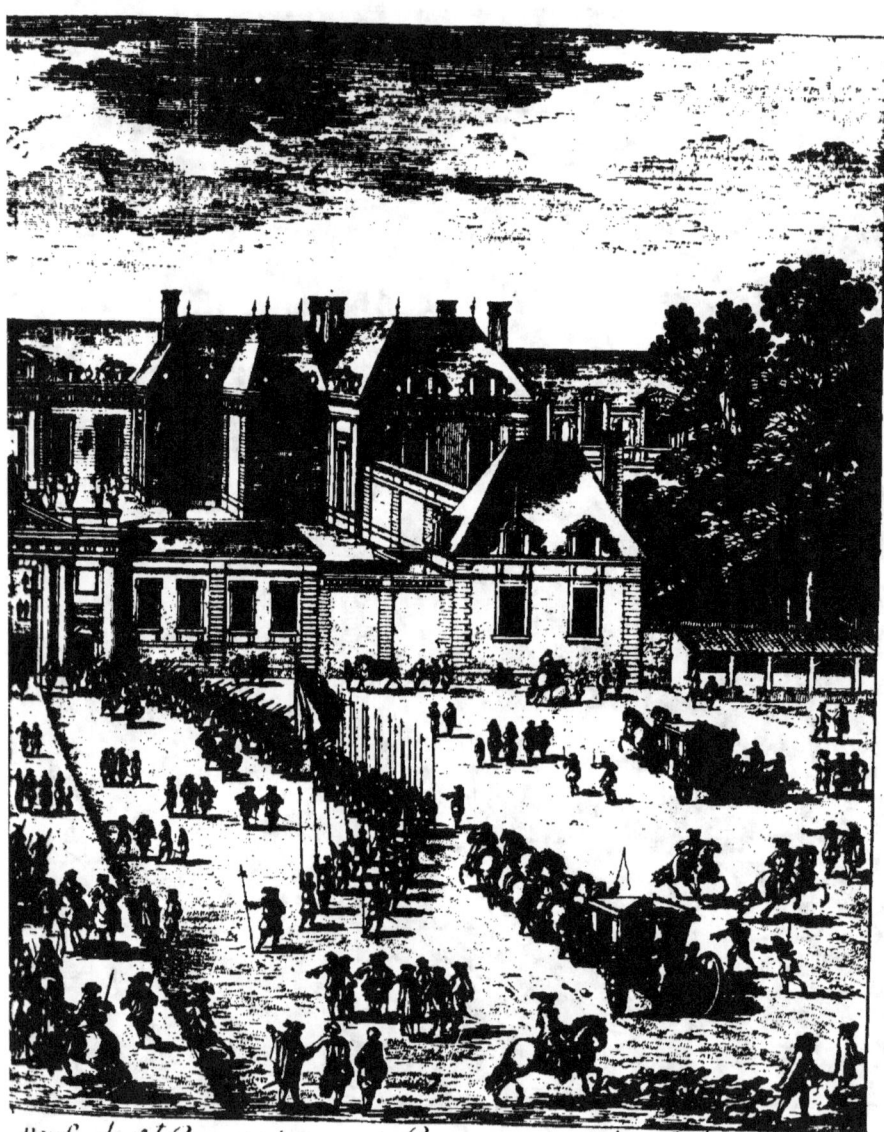
neuf de S.ᵗ Germain en Laye.   Perelle, del. et sculp.

LE TRIOMPHE DE L'AMOVR

OPERA

OV PASTORALE EN MVSIQVE
imitée des Amours de Diane, & d'Endimion divisée en trois Parties ; meslées de deux Intermedes.

Representée devant SA MAIESTÉ en son Chasteau de S. Germain en Laye, au mois de Fevrier 1672.

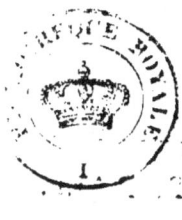
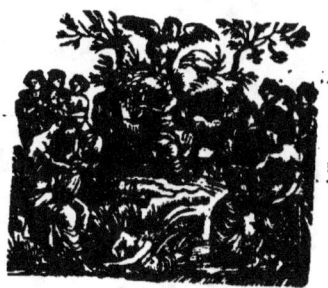

A PARIS,
Par ROBERT BALLARD, seul Imprimeur du Roy pour la Musique, ruë S. Jean de Beauvais, au Mont-Parnasse.

M. DC. LXXII.
AVEC PRIVILEGE DE SA MAIESTÉ.

PERSONNAGES DE LA PASTORALE.

Diane.
Endimion.
Caliste. } Nymphes de Diane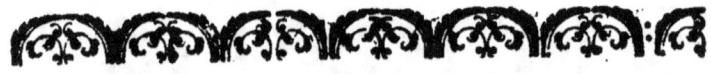
Phenice.
Argas. } Confident d'Endimion.
L'Amour.
Suite de l'Amour.
Pan.
Suite de Pan.
Flore.
Suite de Flore.
Driades.
Amadriades.
Sacrificateurs.
Chasseurs de Diane.

ENTRE'ES DE BALLET DE LA PASTORALE.

Faunes.
Piqueurs.
Amours.
Songes.
Bucherons.
Cueilleuses de Fleurs.
Zephirs.
Sacrificateurs.
Bergers, & Bergeres.

PERSONNAGES DES INTERMEDES.

Marſias.
Corimon. } Satyres.
Alcandre.
Argine. } Bergere.
Bachus.
Suivans de Bachus. }

ENTRE'ES DE BALLET DES INTERMEDES.

Fées.
Termes animez par les Fées.
Yvrognes.
Ægipans.

AVANT-PROPOS.

La diligence, avec laquelle cette Piece a esté composée, en doit faire excuser les deffauts : Elle a esté mise en estat de paroistre à Versailles, pour la Saint Hubert, en quatorze jours de temps; & quoy que l'augmentation qui en a esté faite, la puisse faire passer pour une Piece nouvelle, on n'a pas neantmoins esté plus de cinq semaines à disposer toutes choses pour la Representation. Si elle n'a pas le malheur de déplaire tout à fait, on peut répondre d'un autre, que l'on exposera volontiers à la censure, sans demander l'indulgence, qu'on ne peut refuser à celle-cy.

LE

LE TRIOMPHE DE L'AMOVR.

OPERA,

Ou Pastorale en Musique, imitée des Amours de Diane, & d'Endimion, divisées en trois Parties, meslées de deux Intermedes.

PREMIERE PARTIE.

Le Prologue est lié à la Piece.

LE Theatre represente une Forest, dont plusieurs Termes marquent les routes, & des Faunes qui attendent Pan, occupent les Arbres. Ce Dieu sort du fond de la Forest, suivy d'autres Faunes, apres un bruit de Cors qui se fait entendre.

PAN.

J'Ay veu Diane dans ces Bois,
Qui se prepare pour la Chasse,
Et déja ses Piqueurs, du Cors, & de la Voix,
Suivent une Beste à la trace :
Silvains, preparez-vous aussi
A divertir la Déesse,
Meslez des Chants d'allegresse
Aux innocens plaisirs, qu'Elle vient prendre icy.

Ils joüent ensemble l'Ouverture.

PAN.

Dans ses sombres Valons,
Dans ces Antres profons,
Que tout se remplisse,
Que tout retentisse
Du bruit de vos sons :
Accordez en cadence
Vos pas à la Danse,
Vos Voix, aux Chansons.

Les uns dansent, pendant que les autres joüent des Instrumens, & chantent apres les loüanges de Diane.

LES FAUNES.

Qu'Elle est belle ! qu'Elle a d'appas
Cette Déesse incomparable !

Il n'en est point de plus aimable,
Le mal est qu'Elle n'aime pas.

   Dedans le celeste sejour
Elle remporte l'avantage,
Tout luy céde dans ce Boccage;
Mais il luy manque un peu d'amour.

Des Driades, & des Amadriades, attirées par ces Chants, y viennent mesler les leurs.

UNE AMADRIADE.

Faunes, nous la suivons, comme vous,
     dans ces Bois,
Et reconnoissons son empire;
Mais afin de goûter la douceur de ses loix,
   Nous fuyons d'Amour le martyre.

UNE DRIADE.

Diane veut qu'on chasse, & l'Amour qu'on
     soûpire,
   Ce sont de differens emplois,
Si vous voulez goûter la douceur de ses loix,
   Fuyez de l'Amour le martyre.

PAN.

   C'est une difference vaine,
Et l'on peut la regler par un mesme desir,
Ces emplois ont chacun leur peine;
   Mais la peine en fait le plaisir.

DEUX FAUNES.

Quand on veut partager sa chaisne,
On en est bien souvent quitte pour un soûpir,
Ces emplois ont chacun leur peine,
Et la peine en fait le plaisir.

LES DRIADES, ET LES AMADRIADES.

Heureuse solitude!

LES FAUNES.

Charmante inquietude!

LES DRIADES.

Où l'on garde sa liberté:

LES FAUNES.

Qui nous tient en captivité.

LES DRIADES.

Point d'esclavage:

LES FAUNES.

Vn doux servage:

LES DRIADES.

Fait des mal-heureux:

LES FAUNES.

Peut nous rendre heureux.

TOUS

TOUS ENSEMBLE.
Vn chacun suit l'envie
Où son penchant le porte, & le convie.
LES DRIADES.
Chassons:
LES FAUNES.
Aimons:
TOUS ENSEMBLE.
Et passons tout le jour:
LES DRIADES.
A la chasse:
LES FAUNES.
A l'Amour.
TOUS ENSEMBLE.
Vn chacun suit l'envie
Où son penchant le porte, & le convie.

Les Driades se retirent dans le fond de la Forest, d'où elles sont sorties, & un bruit de cors se fait encore entendre.

PAN.
Pour la seconde fois j'entens que l'on apelle,
Sans doute que Diane approche de ces lieux.

Allons luy rendre hommage, allons offrir nos vœux
A cette charmante immortelle.

Comme ils veulent sortir, des chasseurs viennent à la rencontre.

PAN.

Chasseurs, la Déesse vient-elle?

UN CHASSEUR.

Non, elle ne vient pas,
Nous suivions d'assez prés ses pas,
Par vn malheur estrange
Nos chiens ont pris le change.

PAN.

A la chasse, comm'en Amour,
Chacun prend le change à son tour:
Mais, en atendant qu'elle vienne,
Ioignez vostre Troupe, à la mienne.

LE CHASSEUR.

Je le veux, je le veux,
Sus, sus:

PAN.

Silvains:

LE CHASSEUR

Chasseurs:

PAN.
Montrez voſtre ſoupleſſe,
LE CHASSEUR.
Faites à qui mieux mieux.
PAN ET LE CHASSEUR.
Le prix de voſtre adreſſe
Eſt de plaire à ſes yeux.

Diane avec ſes Nimphes avancent pluſtoſt qu'ils n'avoient crû ſur vne fanfare de Haut-bois, & de Violons. Les Faunes, & les Chaſſeurs, la ſaluënt de leurs Tirces, & de leurs demy-Piques; dancent, & chantent devant elle pour la divertir.

PAN.

IL n'eſt rien qui puiſſe égaler
Nos Bois, nos Prez, & nos Fougeres,
Mais tout cela ne parle gueres,
Si l'Amour ne les fait parler.

On s'aſſemble dés le matin
Sur le bord des claires Fontaines;
Mais on n'y finit point les peines,
Si l'amour n'y met pas la main.

LES FAUNES, ET LES CHASSEURS.

Employons bien le temps qui passe,
Suivons le cours de nos tendres desirs,
Dedans les Bois il est d'autres plaisirs
Que ceux que l'on prend à la Chasse.

DIANE.
Le doux chant des Oiseaux,
Le murmure des Eaux,
Le Cristal des Fontaines
Font tous mes desirs,
I'y trouve des plaisirs,
Et n'y sens point de peines.

La Chasse fait mon soin,
Elle fait mes delices,
Elles a des artifices,
Qui n'embarassent point.

La Chasse fait mon soin,
A surprendre des Bestes,
Je borne mes Conquestes,
Sans en faire plus loing.

Ie sçay conserver ma franchise,
Et par un sort qui m'est bien doux,
Ie prens, sans estre prise
Ie blesse, & ne sens point les coups.

La Chasse fait mon soin,
Et je passe ma vie
Sans chagrin, sans envie,
Avec mes Chiens, & sans Témoin.

Diane fait signe aux Faunes de se retirer, afin de s'entretenir en liberté avec ses Nymphes.

CALISTE, Nymphe de Diane.

EN vain avez-vous en partage
Tant de charmes, & tant d'appas,
Si vous n'en voulez pas
Faire un meilleur usage;
On répond à l'Amour, lorsque l'on sçait charmer,
Du temps que l'on perd sans aimer.

DIANE.

Moy, répondre à l'Amour! il ne peut rien pretendre
Sur un cœur qui se veut deffendre?

PHENICE, autre Nymphe de Diane.

On a beau resister, plus un cœur se deffend,
Plus il souffre quand il se rend;
Quoy que l'on die, & que l'on fasse,
Puisque l'on doit ce tribut à l'Amour,
Acquittons-nous de bonne grace,
Et prevenons le temps qui passe,
On perd beaucoup, lorsque l'on perd un jour.

DIANE.

Pourquoy? Nymphes, pourquoy ce tribut volon-
 taire?
  Ce n'est point un mal necessaire,
  Et, qui veut, le peut éviter.

LES NYMPHES ENSEMBLE.

On croit l'éviter, on y donne,
C'est un abus de contester,
Et l'Amour n'épargne personne.

DIANE.

Helas! pour quelques bons momens,
Il fait souffrir mille tourmens.

LES NYMPHES.

Vn moment de plaisir repare un an de peine,
  Et quand on ayme bien,
  On ne sent point sa chaisne,
  Et l'on ne souffre rien.

DIANE.

Non, non. j'abhorre son empire,
Et vous avez beau dire,
Quand on est sous sa loy,
On se plaint, on soûpire,
Et quelque doux qu'on trouve son martyre,
C'est toûjours un martyre, & l'on n'est plus à soy.

Les Piqueurs de Diane amenent son équipage
de Chasse, & elle rentre dans le Bois avec

la resolution de chasser toûjours, & de n'aymer jamais.

DIANE.

Chassons, tout est prest pour la Chasse,
Et troublons de ses bois le repos & la paix,
Pendant que nostre cœur joüit de la bonace,
Chassons toûjours, n'aymons jamais.

INTERMEDE.

Marsias. ⎫
Corimon. ⎬ Satyres.
Alcandre. ⎪
Argine.   ⎦ Bergere.

Marsias ayant entendu la conversation de Diane, sans estre veu, paroist seul, aussi-tost qu'elle est rentrée

MARSIAS.

Vous avez beau faire là fine,
  Vous aimerez, cela sufit,
Je le voy bien à vostre mine,
Vous aymerez, je le devine,
Car mon petit doigt me l'à dit.

En ce point on s'abuse,

On croit qu'il faut faire façon,
Mais tout cela, Chanson,
En Amour qui refuse, muse.

Il faut que tout le monde y mette un peu du sien,
Nous sommes tous faits l'un pour l'autre,
Allons à mesme fin
S'il est vray qu'il y va du vostre,
Entendons-nous, tout ira bien,
Nous y mettons autant du nostre,
But à but, on ne s'en doit rien.

Comme Marsias se retire.

Alcandre, & Corimon, viennent presser une Bergere qu'ils obsedent, de se rendre à leurs poursuites.

ARGINE.

Laissez-moy, laissez-moy, vostre poursuite est vaine,
Et vous perdez icy vos pas, & vostre peine.

MARSIAS.

Prestons l'oreille à leurs discours,
Et sans estre apperçeu, taschons d'en voir le cours.

ALCANDRE.

Quoy! Nimphe impitoyable,
Tu seras toûjours à mes vœux
Inexorable,

Et

Et tu mépriseras mes feux.
ARGINE.
Peut-on écouter un Satyre?
Quoy qu'il die, on n'en fait que rire.
CORIMON.
En vain je cours aprés tes pas
Le long de ces bruyeres,
Tu n'en fais point de cas,
Et tu ne me plains gueres.
ARGINE.
Ie te laisse courir, cours tant que tu voudras.
ALCANDRE.
Ie te tiens à present.
CORIMON.
Tu n'échaperas pas.
ALCANDRE.
Rends-toy, Cruelle:
CORIMON.
Répons à mon Amour fidele.
ARGINE.
Ie ne répons à rien.

E

ALCANDRE.
Hé quoy! n'est-il pas temps,
CORIMON.
De finir les maux que je sens?
ALCANDRE.
Les tiens!
CORIMON.
Les miens:
ALCANDRE.
Non, non, le cœur de la Bergere,
CORIMON.
N'est pas pour toy;
ALCANDRE.
Sera pour moy.
CORIMON.
Ie l'auray:
ALCANDRE.
Ie l'auray:
MARSIAS se joignant à Eux.
Ie viens de bonne guerre,
Pour vous mettre d'accord, prendre pour moy
ce cœur.

ARGINE.

Au secours ! au secours ! ha je tremble de peur.

CORIMON, ET ALCANDRE.
Comme s'accordant contre le tiers.

Ce Cœur est nostre:

MARSIAS.
I'en seray le vainqueur.

ARGINE.
Vous ne l'aurez, ny l'un ny l'autre.

Les Fées sortent du milieu des Arbres, sans estre veües des Satyres, pour secourir Argine.

LES TROIS SATYRES levans leurs massuës pour la disputer, repetent.

Vous ne l'aurez, ny l'un ny l'autre !

Pendant cette contestation, la Bergere échape de leurs mains, & les Fées la rendent invisible.

LES SATYRES ENSEMBLE.
Elle fuit, la Cruelle,
C'est donc là tout le fruit
De nostre querele,
Peu d'effet, & beaucoup de bruit;

Allons, courons aprés dans ces Bois, dans ces Plaines,
Et faisons luy payer nos peines.

Ils courent aprés Argine, les Fées font mouvoir les Termes qui sont dans la Forest, pour leur fermer le passage, & les changent en Dragons, qui jettent des flammes, pour les épouvanter.

LES SATYRES.

Quels objets effroyables!
Quels feux épouvantables
Se presentent devant nos yeux!
Fuyons ces Monstres, & ces lieux.

Ils trouvent à la fin le moyen d'échaper, & les Fées, aprés avoir rendu aux Termes leur premiere figure, changent la Forest en un vaste Desert.

SECONDE

SECONDE PARTIE.

Dans le fond de ce lieu rustique, & champestre, il paroist une Grotte à jour, au travers de laquelle on découvre la Mer en éloignement. Endimion est endormy dans cette Grotte, & l'Amour qui le cherche, le trouve en cét estat.

L'AMOUR.

CE Berger autrefois
Vivoit dessous mes Loix,
Et semble maintenant mépriser ma puissance,
Il dort tranquilement, sans craindre mon pouvoir;
Forçons sa resistance,
Et qu'il sente le coup, avant que de le voir.

Ramassons toute nostre flamme,
Et portons là dedans son ame,
Avec le plus seur de nos traits:
C'est faire son bonheur, & rétablir ma gloire,
Pour ne le pas manquer, tirons-le de plus prés,
Faut s'assûrer de la victoire.

Il décoche une Fléche sur Endimion, qui

F

tressaille du coup seulement sans se réveiller, & temoigne du dépit de n'avoir pas d'abord reüssi dans son entreprise.

L'AMOUR.

Quoy ce trait
N'a pas fait
Tout l'effet
Que j'en devois attendre ?
Et dépuis si long-temps je suis en vain ses pas ?
Endimion tu dors, & tu te peux deffendre ?
Que ne ferois-tu point si tu ne dormois pas ?

Mais, où la force est vaine,
Cherchons d'autres détours,
Preparons une chaisne,
Holà, petits Amours
Venez à mon secours,
Et tirez-moy de peine ;
Attachez ce Berger,
Sans qu'il puisse changer.

Des Amours apportent des chaisnes, & attachent Endimion.

L'AMOUR.

Au moins, Amours, au moins n'oubliez rien du vostre

Pour serrer ces beaux nœuds,
Ie les veux partager, & pour le rendre heureux
Ie vais en preparer tout autant pour un autre,
Pendant que vous ferez vos efforts en ces lieux
Pour surprendre son cœur en surprenant ses yeux.

Les Amours contens d'avoir enchaisné Endimion, en témoignent leur joye, & lors qu'ils se retirét, des Songes sortent de la Grotte, & de dessous terre, avec des flambeaux, des cœurs enflammez, & les chifres de Diane.

ENDIMION.

FAntosme de la nuit, qui troublez mon repos,
Vaines illusions, puisque mal à propos
    Vous blessiez ma pensée,
Disparoissez avec l'obscurité,
Et que la memoire effacée
S'en perde parmy la clarté.

Le Jour est avancé, contre mon ordinaire,
I'ay perdu trop de temps dans les bras du Sommeil,
Tost, tost, reparons-le, profitons du Soleil,
Et chassons tout le Jour, nous ne sçaurions mieux
    faire.

Le Desert fait place à un Bois de Cedres, & de Mirthes, planté par les mains des Amours,

& le lit de Gazon, sur lequel Endimion estoit couché, se change en un Pié-d'estal, qui porte les chaisnes, & la fléche, dont il a esté blessé.

ENDIMION.

Mais qu'est-ce que je voy? mais qu'est-ce que je sens?
Si j'escoute mon cœur, & si j'en croy mes Sens,
  L'Amour s'en est rendu le maistre;
Ie n'en puis plus douter,& ces prompts mouvemens,
  Par lesquels il se fait connoistre:
Ces chaisnes,& ce Dard,qu'ó voit encor paroistre,
  Sont de tous mes tourmens
  Les Témoins, & les instrumens.

 Helas! quel party dois-je prendre?
Celuy de resister, ou celuy de me rendre,
L'Amour n'en laisse qu'un à mon Esprit confus:
  Quand il m'oste au surplus
  La liberté de me deffendre;
Ha suivons cet attrait! & ne resistons plus,
Nos efforts contre un Dieu sont toûjours superflus.

ARGAS, Confident d'Endimion.

J'entens d'Endimion la plainte,
 Et je voy dans ses yeux,
 Qui parlent encore mieux,
La profonde douleur dont son ame est ateinte.

ENDIMION.

ENDIMION.

Vois-y donc mon Amour, ils le diront pour moy;
Tu sçais, mon cher Argas, les secrets de mon ame,
    Ie n'ay rien de caché pour toy;
Et ne veux pas icy te déguizer ma flamme:
I'ayme, & j'avois juré de ne plus aymer rien,
Ayant perdu l'Objet de mon Amour extréme.

ARGAS.

On a beau le jurer, on ne tient jamais bien
Les sermens que l'Amour fait contre l'Amour mesme,
On les observe un temps, mais à la fin on ayme,
    Et l'on ayme plus ardemment.

ENDIMION.

    Ouy, j'éprouve ce changement,
    Et je souffre un double martyre
I'ayme sans esperer, j'ayme sans l'ozer dire,
    Fut-il jamais un plus cruel tourment!

ARGAS.

Tout vous porte à l'Amour, luy-mesme il se declare,
    Tout ne parle icy que d'Amour,
Et comment pourriez-vous vous deffendre en ce jour
Contre ce qu'il a fait, contre ce qu'il prepare.

G

ENDIMION.

J'oze m'eslever jusqu'aux Cieux
Et porter l'orgueil de mes feux
Sur les Autels d'une Déesse;
Le Dieu qui m'oblige d'aymer,
Pour Diane, en dormant, me blesse,
Et sçait à mon réveil pour Elle m'enflammer.

ARGAS.

Il sçaura la toucher, & la rendre propice,
Puisque de vostre cœur il fait un sacrifice.

ENDIMION.

Elle me punira de ma temerité.

ARGAS.

L'Amour vous répondra de toute sa fierté.

ENDIMION.

Aymons, puisque l'Amour le veut, & nous en presse,
Aymons, nostre Destin nous porte à la tendresse.

ARGAS.

Goûtez le doux plaisir d'aymer, & d'estre aymé.

ENDIMION.

Mais qui sçait si l'on charme alors qu'on est charmé.

ARGAS.
Esperez.
ENDIMION.
Ha je crains peut-estre de déplaire!
ARGAS.
Esperez :
ENDIMION.
Esperons :
TOUS DEUX.
On plaist, quand on veut plaire.

Argas se retire, pour laisser à Endimion la liberté de se plaindre seul du nouveau tourment qu'il endure.

ARGAS.
Donnez à vos soûpirs, enfin, un libre cours,
 Resvez seul icy sans contrainte,
Il ne faut pour témoins de vostre juste plainte,
 Que les Zephirs, & les Amours.

ENDIMION.
Sombre Forest, témoin de ma flamme naissante,
Et qui l'estes aussi de mes premiers soûpirs,
Ha! quand le serez-vous de mes premiers plaisirs?
Quand verrez-vous finir mon tourment qui s'augmente?

Il grave les chifres de Diane sur l'eccorce des Arbres, & les Amours en mesme temps les atachent par tout.

ET *vous Arbres sacrez, si vostre épais feuillage*
Preste à tous les Bergers un favorable ombrage,
Soufrez que sur vos troncs je grave mes Amours,
Vous croistrez, ils croistront toûjours.

L'ECCHO répond à Endimion.

Toûjours.

ENDIMION.

La Nimphe de ces Bois prend part à mom martyre,
Et semble soûpirer, à lors que je soupire.

L'ECCHO.

Soupire.

ENDIMION.

Quoy toûjours soûpirer ?
Soufrir, gemir, pleurer,
Pour qu'on se desespere.

L'ECCHO.

Espere.

ENDIMION.

ENDIMION.

Dis-moy puis-je esperer d'estre bien-tost ouy.

L'ECCHO.

Ouy.

Des Bucherons viennent travailler aux bois.

ENDIMION.

Mais que mal à propos les Gens de ce Village
Viennent en foule icy
Troubler mon amoureux soucy !
Enfonçons-nous dans le Boccage,
Et pendant qu'ils font leur ouvrage,
Songeons au nostre aussi.

Les Bucherons dansent, & font des fagots, qu'vn porte-faix vient enlever.

SECOND INTERMEDE.

Marsias.		Bacchus.
Corimon.	Satyres.	Sylvains.
Alcandre.		L'Amour.
Ægipans.		Suite de l'Amour.

Marsias paroist seul à la fin de l'entrée des Bûcherons, qui demeurent sur le Théatre; & comme il a appris qu'Endimion s'estoit rendu l'Amour, il les invite d'en faire autant, & les avertit de n'en prendre qu'autant qu'il faut.

MARSIAS seul.

Tout prend feu dedans ce Boccage,
 Le Berger le plus sage,
Comme le Faune le plus foû:
Mais le mieux fait au badinage
 N'en prend jamais son soûl.

 Le secret, où je meure,
Est de se ménager,
 Car chacun a son heure,
Le Faune, comme le Berger.

Mais, pauvres Bûcherons, que vostre tasche est vaine !
 Et que vous estes sots !
Quand, pour se soulager, on peut conter sa peine
De perdre icy le temps à compter des fagots.

Travaillez comme moy, je suis un bon Maneuvre,
Et fais rage de mes dix doigts,
Çà, mettons toute piece en œuvre
L'Amour fait fléche de tout bois.

Alcandre, & Corimon, qui ont esté mal-traitez de la Bergere dans le premier Intermede, quittent le party de l'Amour, pour suivre celuy de Bacchus, & entrent chargez de bouteilles avec six petits Ægipans, qui sortent d'une cave, en roulant un tonneau.

ALCANDRE, ET CORIMON.

Cà, mettons une piece en perce,
Mais une piece de bon vin.

ALCANDRE.

Bacchus sçait guerir le chagrin,
Que l'Amour donne à la traverse.

CORIMON.

Ma foy, je veux que l'on me berce,
Si jamais ce Dieu m'est de rien.

TOUS TROIS.

Cà, mettons une piece en perce,
Mais une piece de bon vin.

Ils donnent des bouteilles aux Bûcherons, qui les vuident, pendant qu'ils chantent.

Beuvons, beuvons à tasse pleine,
Chantons, trinquons, dansons,

Et nous réjoüissons,
Beuvons, beuvons à tasse pleine
Cinq, ou six coups tout d'une haleine.

Les Bûcherons, qui se sont soûlez à force de boire, font des pas d'Yvrognes, & les Ægipans, qui se meslent avec Eux, les font tomber en dansant.

Bacchus paroist, avec ses Sylvains, & pendant que les uns luy eslevent un berçeau, les autres le reçoivent.

LES SATYRES.

Sus, redoublons nos coups,
faisons honneur au Dieu des treilles,
Il vient boire avec nous,
Vuidons avec luy nos bouteilles.

BACHUS.

Buveurs qui vivez sous mes Loix,
Vous ne pouvez servir deux Maistres à la fois;
Voyez lequel des deux vous est le plus commode,
Et ne vous attachez qu'à luy;
Chez moy chacun vit à sa mode,
Chez l'Amour, à celle d'autruy.

LES SILVAINS, ET LES SATYRES.

A boire, à boire, à boire,

Il

Il faut que Bachus ait son tour,
Et si l'on nous veut croire
On accoûtumera l'Amour
A boire, à boire, à boire.

Faisons à Bachus nostre cour,
Et mettons nostre gloire,
La Nuit, aussi bien que le Jour,
A boire, à boire, à boire.

L'Amour qui poursuit sa victoire, les chasse à coups de fléches, & les oblige de se retirer.

L'AMOUR.

Allez, retirez-vous,
Troupe insolente, & temeraire ;
C'est bien à vous à faire,
A le disputer avec nous.

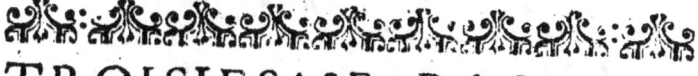

TROISIESME PARTIE.

iane revient de la Chasse, avec ses Nymphes.

DIANE.

La Chasse, avec plaisir, a suivy mes souhaits,
Et d'un succez heureux a remply mon attente,
Mais je serois bien plus contente,

Si je n'avois point veu ce Berger de si prés.

Je ne sçay ce qu'il vous en semble,
Ses Chiens
Qui ne connoissoient pas les miens,
Ont chassé tout d'abord ensemble.

Son adresse, entre nous,
A fait le plaisir de la Chasse,
Avez-vous remarqué de quel air? quelle grace?
Il a porté par tout ses coups.

CALISTE.

Ie n'ay jamais rien veu qui luy soit comparable.

PHENICE.

Qu'il me paroist adroit! que je le trouve aimable!

DIANE.

Il a surpris mes yeux, mais je deffends mon cœur;
Au secours! ma Raison, au secours! ma Rigueur,
Ie veux, si je le puis, toûjours estre invincible;
Que tu me deffends mal! y veux-tu consentir?
Ha si l'Amour se fait sentir,
Paroissons du moins insensible.

Que l'on tient mal ce que l'on veut,
Quand ce Tyran des cœurs se rend maistre d'vne
ame,

Peut-estre on le voudroit, mais las on ne le peut!
Et malgré nos efforts, on succombe à sa flamme.

    Pour charmer mes douleurs,
    Allons cueillir des fleurs
    Dans les Jardins de Flore;
Ie les arrouseray, sans Témoins, de mes pleurs,
    C'est ainsi que l'Aurore
    Les peint de cent couleurs.

    Le Theatre se change en un Parterre, où Flore paroist avec les Zephirs, & des Nymphes, qui remplissent des corbeilles de Fleurs.

CALISTE.

L'Aurore ayme un Chasseur, qui doit ceder au
    vostre,
    Venus en aime un autre,
Et vous allez trouver Flore avec les Zephirs;
  L'Amour en tous lieux se fait suivre,
Seule dedans nos Bois, exempte de desirs,
Vous viviez sans amour, & ce n'estoit pas vivre.

    Flore suivie des Zephirs, va au devant de Diane, & les Nymphes luy presentent leurs corbeilles. Flore fait un Recit, pour engager Diane à aymer.

FLORE.

Quand on est belle,
Il faut aimer,

Et quand on commence à charmer,
Il faut cesser d'estre cruëlle;
Ce n'est pas tout que d'enflammer,
Quand on est belle,
Il faut aimer.

RECIT DE DIANE.

Ha laissons dire
Qu'il faut aimer!
Charmons, sans nous laisser charmer,
Et de deux maux fuyons le pire;
Bruslons tout sans nous enflammer,
Et laissons dire
Qu'il faut aimer.

SECOND RECIT DE FLORE.

Sans amour,
Qu'on passe mal la vie!
Que peut-on faire tout un jour
Sans Amour?
Ce doux amusement doit faire nostre envie,
Et nostre plaisir tour à tour,
Charmons, l'Amour nous y convie,
Et laissons-nous aussi charmer,
Vivons pour plaire, & plaisons pour aimer.

SECOND RECIT DE DIANE.

On déplaist quelquefois, lorsque l'on veut trop
plaire,

Et l'on y doit bien regarder,
Avant que de rien hasarder
Dans cette affaire;
On n'en sort quasi jamais bien,
Et quoy qu'on s'efforce de faire,
On y laisse toujours du sien;
Heureux qui s'en pourroit deffaire!
Mais plus heureux encore qui pourroit n'aymer rien!

FLORE parlant aux Zephyrs.

Elle aymera, l'heure est venuë,
Restez icy, jeûnes Zephyrs,
Recevez ses premiers soupirs,
Et passez-vous pour un temps de ma veüe.

Les Zephyrs dansent, pendant que Diane va dans le Partere faire des bouquets, & les Nimphes des guirlandes.

Mais la Déesse, qui au lieu d'un bouquet, a fait, sans y penser, une chaisne de Fleurs, dont elle s'est enlassée, se plaint de cette surprise.

DIANE.
Je croy faire un bouquet, & je fais une chaisne.

PHENICE.
Quand le cœur est frapé,

K

L'esprit preoccupé,
La main trace aisément l'image de sa peine.
DIANE.
Tout me trahit,
Ie me trahis moy-mesme,
Ha je pense que j'ayme!
Helas! qui l'auroit dit?
Allons, allons cacher ma honte, & mon dépit.

Elle rentre dans le Parterre, pendant que les Nimphes s'entre-lassent de leurs guirlandes, & se meslent aux Zephirs, qui sur le champ en font éclore d'autres; mais ayant fait une couronne, au lieu d'un bouquet, & se voyant encore trompée une seconde fois, Elle avouë sa deffaite.

DIANE.
HA s'en est fait ! mon cœur,
   La Raison t'abandonne,
  C'est reconnoistre son vainqueur,
   Que de luy faire une Couronne.

Endimion paroist.
   O Dieux!
Il paroist à mes yeux,
  Evitons sa veüe,
Ou bien je suis perduë.

ENDIMION.

Pourquoy? belle Déesse, ha! pourquoy fuyez-vous
Vn Berger qui se vient jetter à vos genoux?
Dont le bon-heur dépend de celuy de vous plaire.

DIANE.

Quoy vous ne chassez-pas!
Et que venez-vous faire?

ENDIMION.

Adorer vos appas,
Soupirer, & me taire..

DIANE se tournant vers ses Nimphes.

Ha l'étrange embaras!

LES NIMPHES.

Pourquoy tant de mystere?

CALISTE.

Rendez-vous:

PHENICE.

Rendez-vous:

LES NIMPHES.

Ce n'est pas une affaire.

CALISTE.

A l'Amour.

PHENICE.

A son tour!

LES NIMPHES.

Chacun doit satisfaire.

DIANE, se tournant vers Endimion.

Que ne m'évitez-vous! au lieu de me parler.

ENDIMION.

Helas! ou pourriez-vous aller?
Pour n'estre pas toujours presente
A mon cœur qui se sent brusler,
Et dans le mal qui me tourmente,
Comment puis-je dissimuler?

DIANE.

Voulez-vous m'obliger d'en dire d'avantage?
Et n'est-ce pas assez que de me voir rougir?

ENDIMION.

Souffrez que vostre cœur, qu'il faut laisser agir,
Reprenne tout le feu, que prend vostre visage.

DIANE, voulant se retirer.

Endimion fuyez.

ENDIMION.

Ma Déesse! un moment.

DIANE.

DIANE.

Hé! que me voulez-vous?

ENDIMION.

Recevez mon serment,
Avec mes larmes
D'adorer éternellement
Vos appas, & vos charmes.

DIANE.

Que vous estes pressant!
Et pourquoy m'en dites-vous tant?

ENDIMION.

C'est l'Amour qui l'ordonne,
Et j'obeïs à mon vainqueur.

DIANE.

Contentez-vous de ma Couronne,
Et laissez moy mon cœur.

ENDIMION.

Tout est à vous, Déesse,
Ie ne reserve rien,
Partagez ma tendresse,
Et recevant mon cœur, donnez-moy vostre main.

Ils entrent dans le Temple de Diane, auquel le Iardin se change, & un Sacrificateur de la Déesse, fait une ceremonie ; il mesle les chifres d'Endimion, avec ceux de Diane, & perce d'une mesme fléche deux cœurs enflammez sur un Autel, que d'autres Sacrificateurs apportent.

CHOEURS DES SACRIFICATEURS.

ENdimion n'est plus mortel,
 Estant aymé d'une immortelle,
Sa flamme doit estre eternelle,
 Et nous luy devons un Autel.

LE SACRIFICATEUR meslant les chiffres de Diane, & d'Endimion.

Vnissez vos cœurs en ce jour,
Qu'ils deviennent inseparables,
Et par des sentimens semblables,
Répondez à ceux de l'Amour.

CHOEUR DES SACRIFICATEURS.

Lors que l'Amour deux cœurs assemble,
 Qu'ils sont heureux!
Quand ils peuvent tous deux
Vivre toujours ensemble.

LE SACRIFICATEUR perçant deux cœurs enflammez d'une mesme fléche.

Ainsi blessez des mesmes coups,
N'ayez plus qu'un corps, & qu'une ame,

En bruslans de la mesme flamme,
Ne cherchez plus rien hors de vous.

CHOEURS DES SACRIFICATEURS.

Lors que l'on s'ayme,
Et que l'on s'aime bien,
On suffit à soy-mesme,
Et tout le reste on le compte pour rien.

Les Sacrificateurs achevent la Ceremonie en dansant.

Aussi-tost Pan suiuy de ses Faunes, & Flore, des Zephirs, viennent se réjoüir avec l'Amour de la victoire qu'il a remportée.

L'AMOUR fait un Recit.

Aimer est un mal necessaire,
Ou de force, ou de gré, prenez vostre party,
Sçachez, quoy que vous puissiez faire,
Que l'Amour ne peut pas avoir le dementy.

Aymer est un mal necessaire,
Mais que ne disons nous? aymer est un grand bien,
Quand l'Amour vous fait une affaire,
Pour vous abandonner, il y va trop du sien.

Les Bergers, & les Bergeres d'alentour, viennent le reconnoistre, & tous chantent à sa loüange.

CElebrons la gloire
    Du Dieu d'Amour,
Il remporte en ce jour
Une double victoire;
Dans ce charmant sejour,
Qu'on chante tour à tour,
    Celebrons la gloire
    Du Dieu d'Amour.

SECOND RECIT DE L'AMOUR.

Ie vous promets de solides plaisirs,
 Tendres Amans, qui vivez dans mes chaisnes,
Il vous en coustera des soins, & des soupirs,
Mais dans l'heureux succez de vos pressans desirs,
Vous trouverez dequoy vous payer de vos peines.

Ieunes Beautez, dont les brillans appas,
 Tiennent les cœurs, & les armes charmées,
Suivez, suivez l'Amour, il vous suit pas à pas;
Et tenez vous pour dit, que si vous n'aimez pas,
Vous courez grand danger de n'estre plus aimées.

Les Bergers, & les Bergeres, dansent ensemble, & par des pas mesurez, témoignent qu'ils sont de Concert pour aimer, en se donnant la main.

RECIT

RECIT DE FLORE.

Ouvrons nos cœurs à la tendresse,
Et profitons de la jeunesse,
L'Amour ne veut que nos beaux jours ;
Ne cherchons point de vains détours,
Lorsque le temps est favorable,
On ne peut pas aymer toujours,
Car on n'est pas toujours aymable.

RECIT DE PAN.

Servons-nous bien des bons momens,
Tout dépend de prendre son temps,
Il faut que tout le monde y vienne,
Les uns plus tard, les uns plus tost :
Mais le secret pour qu'on s'y tienne,
C'est d'y venir quand il le faut.

Les Bergers, & les Bergeres, eslevent l'Amour sur l'Autel de la Ceremonie, & le couronnent de Fleurs.

CHOEUR DES BERGERS, qui couronnent l'Amour de Fleurs.

Des Fleurs, des Fleurs, couronnons ce Vainqueur
C'est luy qui fait naistre les Rozes,
C'est luy qui fait leur bonne odeur,
l'Amour embellit toutes choses.

Les Amours apportent des Trophées, qu'on luy érige dans le Temple de Diane, & l'enlevent dans son Palais, où les Ieux, & les Ris le reçoivent, pour achever son Triomphe ; Il couronne Diane & Endimion, & serre les beaux nœuds qui les unissent pour les rendre indissolubles.

CHOEVR GENERAL.

Aimable Souverain des Hommes, & des Dieux,
A qui céde celuy qui lance le Tonnerre,
Que ton pouvoir est merveilleux !
Nous t'admirons dedans les Cieux,
Et t'adorons dessus la Terre.

FIN.

www.ingramcontent.com/pod-product-compliance
Lightning Source LLC
Chambersburg PA
CBHW050027230526
45470CB00003B/1171